DATE DUE

NOV 22 2016	APR 01 2019
MAR 17 2017	
APR 17 2017	
JUL 05 2017	
AUG 23 2017	
OCT 04 2017	
OCT 24 2017	
NOV 21 2017	
DEC 11 2017 MAR 01 2018	
APR 04 2018	
MAY 14 2018	
SEP 17 2018	
NOV 20 2018	
MAR 20 2019	PRINTED IN U.S.A.

Otros títulos de Finding My Way Books

Yo quiero ser como Joe Palomitas
Kaitlyn quiere ver patos
Yo no sé si quiero un perrito
MyaGrace quiere hacer música

ISBN: 978-0-9964449-9-6

Marco y yo queremos jugar al béisbol

Finding My Way Books

true stories of inclusion and the development of skills needed for self-determination

de Jo Meserve Mach y
Vera Lynne Stroup-Rentier

Fotografías de Mary Birdsell

Traducción de Karen Díaz-Anchante

Nuestra razón para compartir esta historia...

Isiah nació con espina bífida. Esto afectó su desarrollo motor y dio lugar a un retraso en su capacidad de caminar de forma independiente. A Isiah siempre le ha gustado el deporte. Inicialmente, su madre usó este interés para motivarlo a desarrollar sus habilidades motoras. Ahora su madre aprecia más este interés que se ha convertido en una pasión, y aboga por Isiah para que pueda participar plenamente y ser incluido en los deportes.

Elegimos escribir esta historia porque Isiah es parte de una familia extendida que promueve activamente el desarrollo de las habilidades necesarias para la autodeterminación. Tienen la esperanza de que él pueda seguir su pasión por jugar al béisbol mientras le proporcionan tantas oportunidades como sean posibles para que continúe jugando.

Estamos orgullosas de compartir su historia con ustedes.
~Jo, Vera and Mary

Una historia real que promueve
la inclusión y la autodeterminación

Finding My Way Books se dedica a celebrar el éxito de la inclusión al compartir historias acerca de niños con necesidades especiales en las familias y las comunidades.

www.findingmywaybooks.com

Mi nombre es Isiah. A mi primo Marco y
a mí nos encanta jugar al béisbol.
Nos gusta jugar al béisbol con el abuelo.
Él hace que jugar al béisbol sea súper divertido.

"¿Quieres jugar al béisbol, abuelo?"
El abuelo niega con la cabeza.
Él está cansado.

Nosotros oímos roncar al abuelo.
Marco y yo queremos jugar al béisbol afuera.

Necesitamos al abuelo.
“¿Nos lanzas algunas pelotas, abuelo?”

Por fin le oímos decir,
"Vamos a jugar béisbol, chicos".

Marco grita,
“Mi pelota va a golpear el granero”.
“No lo hará”, le grito.

Marco batea y falla.
El abuelo le dice a Marco que observe la pelota.

Marco batea una pelota bien alto.
"Yo puedo batear una más alto", le grito.
"No, no puedes", grita Marco.

Marco batea y falla. Marco batea otra vez.
Marco le pega fuerte a la pelota y
la manda hacia mí.
"Buen batazo, Marco".

Me toca batear a mí.

Primero ayudamos al abuelo a recoger las pelotas.

"Es tu turno de batear", dice el abuelo.

“Voy a golpear el granero”, grito.
“No, no lo harás”, grita Marco.

La pelota golpea el columpio.
"Ese no es el granero", dice Marco riéndose.

Bateo y fallo.
El abuelo me dice que mantenga
el codo más elevado.

La bateé muy bien.

¿Podrá atraparla Marco?

“¡Excelente recepción, Marco!”

El abuelo empieza a lanzar pelotas rápidas.
"Para, abuelo.
No puedo batearlas.
No vuelvas a hacer eso, abuelo."

Tenemos muchas pelotas que recoger.

Es mi turno de atrapar la pelota.
"Esta vez voy a golpear el granero", dice Marco.
"No lo harás", le respondo.

El abuelo le dice a Marco que se
pare con confianza.
Marco golpea la pelota tan duro como puede.

¡Mira! La pelota está atrapada en un árbol.
"Ese no es el granero", le digo riéndome.
Marco se ríe también.

Marco y yo podemos recuperar la pelota.

“Buen trabajo, chicos”, dice el abuelo.
“Es la última ronda.
Dos bateos más para cada uno.”

Marco batea una pelota bien alto.
"Casi golpeo el granero", grita Marco.
"No, no es cierto", le grito.
Marco batea una pelota baja.

Es mi turno de batear.
Bateo y fallo.

Bateo y fallo otra vez.

Bateo y fallo. ¡Otra vez!
El abuelo me dice que no tire el bate.

Marco grita, “Tú puedes hacerlo, Isiah”.
Me paro con confianza. Observo la pelota.
Mantengo mi codo elevado.
Golpeo la pelota tan duro como puedo.

¡Genial!

¡Lo hice! ¡Golpeé el granero!

Es muy divertido jugar al béisbol con el abuelo.

Gracias a Isiah, a Marco y a su familia por compartir su historia.

Índice de *Marco y yo queremos jugar al béisbol*

Habilidades que promueven la autodeterminación que se ven en este libro:

- Páginas 2 y 6 - Incentivar los intereses.
- Páginas 24 y 25 - Incentivar la libre elección
- Páginas 24 y 25 - Incentivar la solución de problemas
- Páginas 8, 10 y 12 - Autorregulación
- Páginas 11, 22 y 23 - Elementos de apoyo en el ambiente

Página 39 Información sobre la autodeterminación

Página 40-41 Guía para la familia sobre cómo promover la autodeterminación

Página 43 Actividades para el aula

Página 45 El equipo de Finding My Way Books

Página 47 Información de contacto Finding My Way Books

Estimulando el desarrollo de la habilidad de autodeterminación en los niños

Nuestros libros están escritos en la voz real de un niño. El niño cuenta en su historia cómo está aprendiendo a ser más determinado por sí mismo.

A continuación algunos ejemplos de habilidades de autodeterminación:

- Libre elección
- Toma de decisiones
- Solución de problemas
- Establecimiento de metas y planificación
- Comportamientos de autonomía (autorregulación)
- Responsabilidad
- Independencia
- Conciencia y conocimiento de sí mismo
- Comunicación
- Participación
- Tener relaciones y conexiones sociales

Weir, K., Cooney, M., Walter, M., Moss, C., & Carter, E. W. (2011). Fostering self-determination among children with disabilities: Ideas from parents for parents. ***Madison, WI: Natural Supports Project, Waisman Center, University of Wisconsin—Madison.***

Guía para la familia sobre cómo promover habilidades para la autodeterminación

Incentive los intereses del niño:
A Isiah siempre le ha encantado jugar con pelotas. Él nació con espina bífida y su madre ha incentivado su interés por las pelotas para ayudarlo a desarrollar su movilidad. Ella le ha proporcionado oportunidades constantemente para que juegue libremente con pelotas en casa. Además, él juega en deportes de equipo como el fútbol y el béisbol. Debido a que Isiah ama lo que está haciendo, él trabaja duro para participar lo más plenamente posible.

Estimule la libre elección:
Isiah toma decisiones durante todo el tiempo que juega al béisbol. Él elige cómo jugar. Él puede atrapar detrás del bateador o en el jardín. Él elige cómo sostener su bate. Su madre lo incluye en la decisión de jugar al béisbol infantil y al fútbol en su comunidad. Él elige apoyar y alentar a su primo y compañeros de equipo mientras juega.

Fomente la solución de problemas:
Isiah y Marco tuvieron la oportunidad de descubrir cómo rescatar la pelota atascada en el árbol durante su juego. El abuelo de Isiah es un gran apoyo al alentar tanto a Isiah como a Marco a solucionar problemas durante el juego. Por ejemplo, ellos tienen que descubrir dónde pararse para poder atrapar la pelota con éxito.

Isiah ha seguido su instinto natural para resolver problemas por sí mismo. Él entiende que para tener éxito en el deporte que ama y para compensar su dificultad como corredor, él debe trabajar duro para desarrollar sus habilidades para atrapar, lanzar y batear.

Autorregulación:
Marco e Isiah utilizan su capacidad de autorregularse cuando cumplen con las expectativas del abuelo al jugar al béisbol. Por ejemplo, ellos siempre paran de jugar y ayudan a recoger las pelotas antes de batear. Isiah es capaz de autorregularse y mantener su atención mientras juega al béisbol durante varias horas debido a su amor por este deporte. Él se concentra y enfoca porque quiere tener éxito.

Isiah utiliza esta capacidad en la escuela al concentrarse en una palabra que está tratando de deletrear o al descifrar una palabra difícil mientras lee. También puede prestar atención mientras él y Marco planean un juego, como por ejemplo, armar una tienda de campaña en la sala.

Elementos de apoyo en el ambiente:
La familia de Isiah instaló un tobogán para ayudar a Isiah a trasladarse del jardín al centro del campo. El tobogán hace que sea divertido para él en vez de sentir que su primo tiene que esperarlo a que camine desde el jardín. También, como ellos juegan en el patio trasero en vez de en un campo grande, Isiah no tiene que caminar tan lejos para participar. Él puede concentrar su energía en el juego y divertirse más. Además, el ambiente le ofrece a Isiah una forma de apoyarse en la pared externa de la casa, usándola como soporte si lo necesita mientras se agacha para atrapar la pelota.

Actividades para el aula: *Marco y yo queremos jugar al béisbol*

1. Fortalezas e intereses:
Haga que los estudiantes escriban o hagan un dibujo de una actividad que les gusta hacer y en la que son buenos. Pídales a los estudiantes que expliquen por qué son buenos en esta actividad. Cada estudiante debería ser capaz de identificar al menos una fortaleza dentro de su actividad (por ejemplo, a Isiah le encanta jugar al béisbol y es bueno vigilando la pelota mientras juega).

2. Elementos de apoyo en el ambiente:
Pídales a los estudiantes que identifiquen un elemento de apoyo que encuentran en su entorno que ellos o algún familiar utilizan (por ejemplo, la mamá podría utilizar un taburete en la cocina para alcanzar los armarios altos; el abuelo podría usar una lupa para leer; un hermano menor podría dormir en una cuna cuyo lado sube y baja para mantenerlo a salvo). En esta historia, Isiah utiliza un tobogán para acelerar su traslado del jardín al centro del campo. Él usa el lado externo de la casa para apoyarse cuando se agacha, esto le ayuda a mantener el equilibrio.

3. Trabajo en equipo:
Divida la clase en dos o tres equipos de estudiantes. Los estudiantes deben sentarse en el suelo espalda contra espalda, enlazar sus brazos y tratar de ponerse de pie. Después de la actividad haga que cada equipo explique cómo utilizó sus habilidades para solucionar su problema o para descubrir la mejor manera de pararse al mismo tiempo. En esta historia, Isiah, Marco y el abuelo son un equipo. Juntos se animan unos a otros cuando juegan al béisbol.

Jo Meserve Mach se desempeñó como terapeuta ocupacional por 36 años. Es una apasionada de la inclusión y el desarrollo de las habilidades necesarias para la autodeterminación y la independencia. Jo ve la inclusión desde una perspectiva funcional. Ella espera que estos libros compartan cómo los niños con necesidades especiales pueden estar activamente involucrados en su vida cotidiana. Incrementar la participación y la intervención de los niños y los jóvenes con discapacidades en las actividades familiares y comunitarias, enriquece la vida de todos. Ella cree que todos los niños tienen fortalezas increíbles que a veces sólo necesitan algunas adaptaciones ambientales para ayudarles a realizarse.

Vera Lynne Stroup-Rentier tiene 25 años de experiencia enseñando en las áreas de la Primera Infancia y la Educación Especial. Tiene un doctorado en Educación Especial de la Universidad de Kansas. Su trabajo actual como directora asistente del equipo estatal especializado en Primera Infancia, Educación Especial y Servicios de Profesionalización en el Departamento de Educación del Estado de Kansas le da la oportunidad de determinar y decidir sobre las políticas que afectan las vidas de los estudiantes con necesidades educativas especiales. Vera es una apasionada de la inclusión de todos los niños en lugares donde estarían si no tuvieran una discapacidad. Ella trae la perspectiva de la inclusión y la promoción de la autodeterminación de su trabajo con familias, profesores y terapeutas a lo largo de sus 25 años de carrera profesional. Criar a un adolescente y a un preadolescente con necesidades especiales enriquece su vida.

Mary Birdsell es una fotógrafa independiente y ex-profesora de expresión oral y teatro de escuela secundaria. Ella trae su talento en el arte y el diseño a nuestros libros. Mary se esfuerza por crear imágenes que reflejen las mejores cualidades de cada niño. Ella siente que una imagen puede proyectar la voz y las habilidades de un niño dentro de su ambiente. Su experiencia en la educación, el teatro y la fotografía se juntan al crear visualmente nuestros libros. Dentro de cada historia, ella utiliza colores y formas para promover el crecimiento del niño y el desarrollo de las habilidades necesarias para la autodeterminación, tal como se demuestra a través de cada historia.

Karen Díaz-Anchante tiene más de 20 años de experiencia enseñando lenguas – inglés en Perú, y español en los Estados Unidos. Tiene un doctorado en español en la especialidad de Literatura y Estudios Culturales Transatlánticos de Arizona State University. Actualmente es profesora universitaria de lengua, literatura y cultura hispanoamericana. Su interés por la traducción, la interpretación y la traductología la llevaron a involucrarse en el proyecto de traducir al castellano las historias infantiles que comparten los libros de Finding My Way Books. Como madre de dos niños pequeños, busca enriquecerse trabajando en proyectos con historias que promuevan el desarrollo de la autodeterminación, la personalidad y la independencia desde la primera infancia. Es también una ferviente creyente del efectivo poder de la lectura desde edad temprana.

Para más información
www.findingmywaybooks.com

Póngase en contacto con nosotros
findingmywaybooks@gmail.com

CPSIA information can be obtained
at www.ICGtesting.com
Printed in the USA
LVOW05s1033191115
463308LV00009B/33/P

9 780996 44499